Sommerbau

Der Sommeranbau muss zeitig vorgenommen werden, soweit es sich machen lässt, sollte untergesät werden. Gerste und Hafer wachsen danach immer noch spärlich genug, wenn auch mit guten Körnern. Dieses Jahr wächst gute Hirse, wenn sie zeitig gesät wird. Es wachsen aber wenig Wicken, Linsen und Erbsen, wenn sie nicht in feuchte und fette Felder gesät wurden, auf denen der Mist schon verwest sein muss. Der Flachs ist nicht viel wert, der Hanf dünn und kurz, aber gut. Heu gibt es nur wenig, deshalb sollte man, wie schon gesagt, die Schafe frühzeitig von den Wiesen lassen. Das zweite Heu ist in diesem Jahr unterschiedlich; bisweilen wächst das Notwendigste, bisweilen sehr wenig oder nichts – nämlich dort, wo kein Wasser in den Wiesen ist. Kraut und Rüben können wegen der Trockenheit nicht gut geraten.

Herbst

Der Herbst ist angenehm trocken und schön. Es reift und gefriert frühzeitig, tagsüber aber ist es warm.

Winter

Der Winter ist mehr trocken als feucht und ziemlich, doch nicht übermäßig, kalt. Er beginnt mit rauem unlieblichem Wetter, doch es wird bald wieder besser. Der Februar lässt sich mit lieblichem Wetter an, endet aber mit großer Kälte, die auch in den März hinein anhält.

Herbstsaat

Den Herbstsamen soll man untersäen, damit er im darauf folgenden nassen Frühling nicht ausgewaschen wird. Es ist nicht notwendig, zu zeitig zu säen (doch dass man sich auch nicht verspäte!), weil es erstmals um den 20. November schneit, doch der Schnee auch nicht liegen bleibt. Obgleich er aber schmilzt, steigt das Wasser in den Brunnenquellen nur wenig.

Winterbau

Der Roggen wächst im Sonnen-Jahr vortrefflich. Der Weizen bringt zwar auch gute Körner, der Ertrag ist aber gering. Man sehe sich vor, im Frühling Schafe auf die Saat zu lassen.

Obst

Dieses Jahr gibt es nicht viele Äpfel, aber mehr Birnen, viele Kirschen und zu Zeiten auch Pflaumen. Ebenso viele Nüsse und Eicheln.

Hopfen

Obschon der Hopfen sich anfänglich gut anlässt, so wird doch wenig oder gar nichts daraus. Man sollte sich deshalb rechtzeitig mit Vorrat versehen.

Besuchen Sie uns im Internet:
www.st-benno.de

Gern informieren wir Sie unverbindlich und aktuell auch in unserem Newsletter zum Verlagsprogramm, zu Neuerscheinungen und Aktionen. Einfach anmelden unter www.vivat.de

ISBN 978-3-7462-6355-7

Zusammengestellt von Volker Bauch, Gößnitz
Covergestaltung: Rungwerth Design, Düsseldorf
Gesamtherstellung: Arnold & Domnick, Leipzig

Bildverzeichnis:
Cover, Juli: © stock.adobe.com/pkazmierczak; Januar: © stock.adobe.com/Maya Kruchancova, © Melok/shutterstock; Februar: © stock.adobe.com/Floydine, © bestworks/shutterstock; März: © stock.adobe.com/drubig-photo, © best works/shutterstock; April: © stock.adobe.com/Alexander Raths, © Melok/shutterstock; Mai: © stock.adobe.com/nataba, © best works/shutterstock; Juni: © stock.adobe.com/K.-U. Häßler, © Melok/shutterstock; Juli: © IZ Stock Works/shutterstock; August: © stock.adobe.com/leeyiutung, © Melok/shutterstock; September: © stock.adobe.com/famveldman, © Melok/shutterstock; Oktober: © stock.adobe.com/Anne Coatesy, © Melok/shutterstock; November: © stock.adobe.com/Artanika, © Melok/shutterstock; Dezember: © stock.adobe.com/Stefan Körber, © stock.adobe.com/namosh.

Januar

Abt Mauritius Knauer Der 100-jährige Kalender

Der Monat fängt mit Kälte an. Am 4. taut es, Kälte folgt aber gleich wieder. Ab dem 15. gibt es für einige Tage Glatteis, am 19. Schnee und darauf gemischtes Wetter bis zum 27. Dann Regenwetter und Schnee bis zum Monatsende.

	Sa	So	Mo	Di	Mi	Do	Fr
KW 1	Ist der Januar frostig und kalt, lockt uns bald der grüne Wald.		Wenn am Neujahr die Sonne lacht, gibt es viele Fische in Fluss und Bach. Neujahr, Gottesmutter Maria **1**	Wie das Wetter an Makarius war, so wird der September: trüb und klar. CH: Berchtoldtstag, St. Makarius **2**	Bringt Genoveva uns Sturm und Wind, so ist Waltraud (9. April) oft gelind. St. Genoveva **3**	Ein Jahr, das fängt mit Regen an, bringt nichts Gutes auf den Plan. **4**	Zwölf Nächte sind, die zeigen an, wie jeder Monat werden kann. Ende der Rauhnächte (25.12.–6.1.) **5**
KW 1/2	Kam bis Dreikönig der Winter nicht, kommt er auch bis Ostern nicht. Heilige Drei Könige, Erscheinung des Herrn **6**	**7**	Wenn's Sankt Severin gefällt, dann bringt er mit die groß Kält'. Taufe des Herrn, St. Severin **8**	St. Julian bricht das Eis, oder er bringt's mit von seiner Reis'. St. Julian **9**	An Paulus Einsiedel Sonnenschein bringt viel Korn und Wein. St. Paulus Einsiedler **10**	**11**	**12**
KW 2/3	Sankt Hilarius macht mit dem Vorwinter Schluss. St. Hilarius **13**	**14**	Spielt die Muck um Habakuk, Bauer, nach dem Futter guck. St. Habakuk **15**	Wenn's St. Theobald g'fallt, macht er uns die Häuser kalt. St. Theobald (Dietbald von Geisling) **16**	Antonius mit dem weißen Bart, regnet's nicht, er mit dem Schnee nicht spart. St. Antonius **17**	**18**	**19**
KW 3/4	Sebastian je kälter und heller – dann werden Scheuer und Fässer umso völler. St. Sebastian **20**	Scheint zu Agnes die Sonne, wird später die Ernte zur Wonne. St. Agnes **21**	Zu Vinzenzi Sonnenschein, bringt viel Korn und Wein. St. Vinzenz **22**	**23**	**24**	St. Paulus klar, gutes Jahr; bringt er Wind, regnet's geschwind. Pauli Bekehrung **25**	**26**
KW 4/5	Das Eis zerbricht Sankt Julian, wo nicht, da drückt er's fester an. St. Julian **27**	**28**	Valerius und Adelgund bringen Kält' zu jeder Stund. St. Valerius **29**	Bringt Martina Sonnenschein, gibt's viel Frucht und guten Wein. St. Martina, St. Adelgund **30**	Friert es zu Vigilius, im März die Eiseskälte kommen muss. St. Vigilius **31**		

Februar

Der Februar fängt mit trübem und regnerischem Wetter an. Am 9., 10. und 11. ist schönes, liebliches Wetter, dann folgen drei Tage mit Schnee, und darauf ist es sehr kalt. Am 27. fängt es an zu regnen.

Abt Mauritius Knauer Der 100-jährige Kalender

	Di	Mi	Do	Fr	Sa	So	Mo
KW 5/6	Der Februar muss stürmen und blasen, soll das Vieh im Lenze grasen.		1	Tut sich um Lichtmess die Sonn' einfinden, ist noch viel von Schnee dahinten! Lichtmess 2	Kerzensegen im Schnee, Palmkätzchenweihe im Klee. St. Blasius 3	4	St. Agatha, die Gottes-braut, macht, dass Schnee und Eis gern taut. St. Agatha 5
KW 6/7	Kommt Dorothee mit Schnee, steht im Sommer der Klee. St. Dorothea 6	7	8	Ist's an Apollonia feucht, der Winter spät entfleucht. St. Apollonia 9	10	11	Wenn Eulalia hell und klar, gibt's ein gutes Bienenjahr. Rosenmontag 12
KW 7/8	Ist an Fasnacht Sonnen-schein, werden Korn, Weizen und Erbsen gedeih'n. Fastnacht 13	Ist's um Valentin noch weiß, blüht an Ostern schon das Reis. Valentinstag, Aschermittwoch 14	15	Friert's um Simeon ganz plötzlich, bleibt der Frost nicht lang gesetzlich. St. Simeon von Metz 16	17	Der Simon zeigt mit seinem Tage, der Frost ist nicht mehr lange Plage. St. Simon 18	Dem Konrad sein Mut, tut selten gut. St. Konrad Einsiedler 19
KW 8/9	20	21	22	23	Singt die Lerche am Matthiastag, über Nacht folgt neue Plag. St. Matthias 24	Wenn sich Sankt Walburgis zeigt, der Birkensaft nach oben steigt. St. Walburga 25	26
KW 9	Alexander und Leander suchen Märzluft miteinander. St. Leander 27	Romanus klar, sagt an ein gutes Jahr. St. Romanus 28	29				

März

Bis zum 7. schneit es drei Tage lang, dann herrscht weiter Frost. Am 10. Regen, Hagel und Schnee, gleich darauf friert es wieder bis zum 17., dann Regenwetter. Von der Tagundnachtgleiche am 21. bis zum 23. fallen Regen und Schnee. Am 23. friert es, danach ist es schön bis zum 27. Darauf wird es trüb und es regnet.

	Mi	Do	Fr	Sa	So	Mo	Di
KW 9/10	Schnee, der erst im Märzen weht, abends kommt und gleich vergeht.		Regnet's stark zu Albinius, macht's dem Bauer viel Verdruss. St. Albinius 1	2	Ist's an Kunigunde klar, gibt es ein gesegnet Jahr. St. Kunigunde 3	Donnert es um Kasimir, bleibt der Winter lange hier. St. Kasimir 4	Zu Anfang oder zu End' der März sein Gift send'. 5
KW 10/11	6	Perpetua kalt, Winter lang. St. Perpetua 7	8	9	Kälte an den vierzig Rittern lässt uns noch vierzig Tage zittern. Vierzig Ritter 10	Sturm und Wind an Rosamunde bringt gute Kunde. St. Rosamunde 11	Ist es an Gregori schön, lässt der Fuchs sich seh'n. St. Gregor 12
KW 11/12	13	Mathilde sagt dem Bauer an, ob er's Feld bestellen kann. 1613 Abt Mauritius geboren, St. Mathilde 14	Lukretia feucht, bleiben die Kornsäcke leicht. St. Lukretia 15	Mitte Merzen soll der Bauer im Feld rumsterzen. 16	Ist Getrud sonnig, wird's dem Gärtner wonnig. St. Gertrud 17	Zu frühe Märzensaat ist nicht gut, zu späte auch ein Übel tut. 18	Schöner Josefstag – das Jahr gut werden mag. St. Josef 19
KW 12/13	Frühlingsanfang 20	Willst Gerste, Erbsen, Zwiebeln dick, so sä' sie an Sankt Benedikt. St. Benedikt 21	22	Weht kalter Wind am Ottotag, das Wild noch vier Wochen Eicheln mag. St. Otto Einsiedler 23	Ist's am Palmsonntag hell und klar, so gibt's ein gut und fruchtbar Jahr. Palmsonntag 24	Sankt Marien schön und rein, kündet an des Jahrs Gedeih'n. Verkündigung des Herrn, Maria Annunziata 25	Ist es um Sankt Ludger feucht, werden die Kornböden leicht. St. Ludger 26
KW 13	Ist an Rupert der Himmel rein, so wird er's auch im Juni sein. St. Rupert 27	Was an Gründonnerstag gesät, in Feld und Garten wohl gerät. Gründonnerstag 28	Wenn es am Karfreitag regnet, ist das ganze Land gesegnet. Karfreitag 29	Wie der Quirin, so der Sommer. St. Quirin 30	Regnet's in die Osterglocken, wird der ganze Sommer trocken. Ostersonntag 31		

April

Der Monat fängt sehr schön an, bis es am 5. regnet, hagelt und darauf gefriert. Es wird jedoch bald wieder sehr veränderlich und unstet bis zum Ende des Monats – ein recht wunderlicher April.

Der 100-jährige Kalender Abt Mauritius Knauer

	Sa	So	Mo	Di	Mi	Do	Fr
KW 13/14	Wenn der April bläst in sein Horn, so steht es gut um Heu und Korn.		Den 1. April musst du gut übersteh'n, dann kann dir nichts Böses mehr gescheh'n. Ostermontag **1**	Bringt Rosamunde Sturm und Wind, so ist Sybille (29.4.) uns gelind. St. Rosamunde **2**	Wer an Christian sät Lein, bringt schönen Flachs in seinen Schrein. St. Chrestus **3**	Wer an Ambros Zwiebeln sät, dem seine Arbeit wohl gerät. St. Ambrosius **4**	Ist St. Vinzenz Sonnenschein, bringt es viele Körner ein. St. Vinzenz **5**
KW 14/15	**6**	**7**	Ist's um Amandus schön, wird der Sommer keine Dürre seh'n. St. Amantius **8**	**9**	Von Ezechiel bis Jürgen (23.4.) soll man den Lein in die Erde würgen. Ezechiel **10**	April, dein Segen heißt Sonne und Regen. **11**	**12**
KW 15/16	**13**	Tiburtius kommt mit Sang und Schall, bringt Kuckuck mit und Nachtigall. St. Tiburtius **14**	**15**	**16**	Wind, der von Ostern bis Pfingsten regiert, im ganzen Jahr sich nicht verliert. **17**	**18**	Aprilschnee bringt Gras und Klee. **19**
KW 16/17	**20**	**21**	Gewitter vorm Georgiustag folgt gewiss noch Kälte nach. **22**	Ist Georgi warm und schön, wird man noch raues Wetter sehn. St. Georg **23**	Wenn es friert an St. Fidel, bleibt's 15 Tag' noch kalt und hell. St. Fidelis **24**	Leg erst nach Markus Bohnen, er wird dir's reichlich lohnen. St. Markus **25**	**26**
KW 17	Hat St. Petrus das Wetter schön, kannst du Kohl und Erbsen säh'n. St. Petrus Canisius **27**	Gefriert's auf Sankt Vital, gefriert's noch fünfzehnmal. St. Vitalis **28**	Kommt Katharina im Sonnenschein, kündet an sie guten Wein. St. Katharina, St. Sybille **29**	**30**			

Mai

Der 100-jährige Kalender Abt Mauritius Knauer

Am ersten Tag herrscht Frost, am 2. wird es sehr schön und warm bis zum 22. hin, und wieder gibt es Gewitter, es bleibt aber warm und feucht. Am 22. trüb, unfreundlich und regnerisch, darauf Hagel und unangenehmer Wind, ab dem 29. bis zum Ende Raureif, Eis und Frost. Wenn der Wein nicht so großes Laub gehabt hätte, wäre alles erfroren.

	Mo	Di	Mi	Do	Fr	Sa	So
KW 17/18	Ist der Mai kühl und nass, füllt's dem Bauern Scheun' und Fass.		Phillip und Jakob nass machen dem Bauern Spaß. Maifeiertag, A: Staatsfeiertag, St. Philippus und Jakobus 1	Regen zu Anfang Maien tut den Reben dräuen. 2	Das Wetter am Kreuzauffindungstag bis Himmelfahrt noch bleiben mag. Kreuzauffindung 3	4	Wenn's Wetter gut ist Anfang Mai, gibt es viel und gutes Heu. 5
KW 18/19	6	Weinet Stanislaus Tränen, soll uns das nicht grämen. St. Stanislaus 7	An Achaz warmer Regen bedeutet Früchtesegen. St. Achatius 8	Mit Himmelfahrtsregen gibt Gott zum zweiten Male Segen. Christi Himmelfahrt 9	Um Epimach und Gordian fängt manchmal wieder der Winter an. St. Epimach, St. Gordian 10	Mamertus und Pankratius und hinterher Servatius sind gar gestrenge Herren. St. Mamertus, Eisheilige (11.–15.5.) 11	Pankraz, Servaz, Bonifaz, machen erst dem Sommer Platz! St. Pankratius 12
KW 19/20	Servaz muss vorüber sein, will man vor Nachtfrost sicher sein. St. Servatius 13	Vor Bonifaz kein Sommer, nach Sophie kein Frost. Muttertag, St. Bonifatius 14	Kalte Sophie wird sie genannt, denn oft kommt sie mit Kält' dahergerannt! Bitttag, St. Sophia 15	Der Nepomuk uns das Wasser macht, dass uns ein gutes Frühjahr lacht. Bitttag, St. Joh. Nepomuk 16	Der Mai in der Mitte, hat für den Winter stets noch eine Hütte. Bitttag 17	18	Pfingstregen – Weinsegen. Pfingstsonntag 19
KW 20/21	Regnet es am Pfingstmontag, so regnet's darauf sieben Sonntag. Pfingstmontag 20	Ein nasser Mai bringt Milch herbei. 21	22	23	Lein, gesät an Esthern, wächst am allerbesten. St. Esther 24	Wie's Wetter am Sankt Urbanstag, so der Herbst wohl werden mag. St. Urban 25	Dreifaltigkeitsregen – Feldersegen. Dreifaltigkeitssonntag 26
KW 21/22	Ein Bienenschwarm im Mai ist wert ein Fuder Heu. 27	28	Ist der Mai recht heiß und trocken, kriegt der Bauer kleine Brocken. 29	Regnet's am Fronleichnamstag, regnet's noch vier Wochen nach. Fronleichnam 30	Ist es klar an Petronell, messt den Flachs ihr mit der Ell. St. Petronilla 31		

Juni

Der 100-jährige Kalender Abt Mauritius Knauer

Anfangs Reif und raue Luft bis zum 7., darauf ist es schön warm bis zum 11., dann kommen Wind, Schauer und Regen auf. Am 13. sowie am 17. und 18. treten Reif und Frost auf, danach wird das Wetter warm und sogar heiß. Gegen Ende des Monats wird es wechselhaft

	Do	Fr	Sa	So	Mo	Di	Mi
KW 22	Wenn im Juni Nordwind weht, das Korn zur Ernte trefflich steht.		Ist's an Fortunatus rein, bringt der Bauer gute Ernte ein. St. Fortunatus 1	Regen am Erasmustag verdirbt den ganzen Heuertag. St. Erasmus 2	3	4	5
KW 23	Wer auf Norbert baut, erntet Flachs und Kraut. St. Norbert 6	Heiligstes Herz Jesu 7	8	9	Hat Margarete keinen Sonnenschein, dann kommt das Heu nie trocken ein. St. Margareta 10	Wenn Barnabas bringt Regen, gibt es auch viel Traubensegen. St. Barnabas 11	12
KW 24	Hat Antonius starken Regen, geht's mit der Gerste wohl daneben. St. Antonius 13	Wie der Basilius, so der September. St. Basilius 14	Wenn's an Vitus regnet fein, soll das Jahr gar fruchtbar sein. St. Vitus 15	Wer auf Benno baut, kriegt Flachs und Kraut. St. Benno 16	17	18	Wenn es regnet auf St. Gervasius, es vierzig Tage regnen muss. St. Gervasius 19
KW 25	Sommeranfang 20	21	22	Vor Johanni bitt um Regen, nachher kommt er ungelegen. 23	Wenn die Johanniswürmchen glänzen, bereiten die Bauern ihre Sensen. Johannistag 24	25	Johannes und Paulus künden an, wie der Juli werden kann. St. Johannes und Paulus 26
KW 26	Wenn's am Siebenschläfer gießt, sieben Wochen Regen fließt. Siebenschläfer 27	28	Mit reifen Kirschen füllt die Schüssel Sankt Peter mit dem Himmelsschlüssel. St. Petrus und Paulus 29	30			

Juli

Der Juli beginnt mit kühlem und wechselhaftem Wetter, am 9. gibt es Frühreif. Am 11. fängt heißes Wetter an bis zum Ende des Monats. Die Nächte aber sind kühl, große Trockenheit.

Abt Mauritius Knauer Der 100-jährige Kalender

	Sa	So	Mo	Di	Mi	Do	Fr
KW 26/27	Juli schön und klar, gibt ein gutes Bauernjahr.		1	Mariä Heimsuch wird's bestellt, wie's Wetter vierzig Tag' sich hält. Mariä Heimsuchung 2	Irenäusregen bringt keinen Segen. St. Irenäus 3	Sankt Ulrich lernt, wie's Wetter um d' Ernt'. St. Ulrich 4	5
KW 27/28	6	7	Ist's zu St. Kilian schön, werden viele gute Tage vergeh'n. St. Kilian 8	9	Das Wetter am Siebenbrüdertag sieben Wochen noch so bleiben mag. Siebenbrüdertag 10	11	Ist's am Fortunatustag klar, so verheißt's ein gutes Jahr. St. Fortunatus 12
KW 28/29	Hat Margit keinen Sonnenschein, dann kommt das Heu nicht trocken ein. St. Margareta 13	Regen am Bonaventuratag kein Bauer loben mag. St. Bonaventura 14	Ist Aposteltteilung schön, so kann das Wetter der sieben Brüder gehn. Apostelteilung 15	16	Wenn Alexius verregnet heuer, werden Korn und Früchte teuer. St. Alexius 17	18	Vinzenz Sonnenschein – füllt die Fässer mit Wein. St. Vinzenz 19
KW 29/30	Bringt Margarete Regenzeit, verdirbt die Ernte weit und breit. St. Margareta 20	21	An Magdalena regnet's gern, denn sie weinte um den Herrn. St. Maria Magdalena 22	Klar muss Apollinaris sein, dann bringt man gute Ernte heim. St. Apollinaris 23	Hundstage heiß – Winter lange weiß. Hundstage (23.7.–23.8.) 24	Scheinet die Sonn am Sankt Jakobstag, hat man um Weihnachten große Plag. St. Jakobus 25	Um Sankt Ann fangen die kühlen Morgen an. St. Anna 26
KW 30	Pantaleon warm und trocken, macht den Bauern frohlocken. St. Pantaleon 27	28	Ist Florentine trocken 'blieben, schickt sie Raupen in Korn und Rüben. St. Flora 29	30	So wie Ignatz stellt sich ein, wird der nächste Jänner sein. St. Ignatius v. Loyola 31		

August

Der August fängt an mit warmem Wetter, danach ist es vermischt und unfreundlich bis zum 10., wo schön warmes und klares Wetter einsetzt bis zum 29. Dann ist es bis zum Ende ungestüm.

	Di	Mi	Do	Fr	Sa	So	Mo
KW 31	Stellt im August sich Regen ein, so regnet's Honig und guten Wein.		Zu Petri Kettenfeier von diesem Ort ziehen die ersten Störche fort. Petri Kettenfeier, CH: Bundesfeier **1**	**2**	Lydiatau macht den Himmel blau. St. Lydia **3**	Wenn's heiß ist an Dominikus, ein harter Winter folgen muss. St. Dominikus **4**	Regen an Mariä Schnee, tut dem Korn empfind-lich weh. Maria Schnee **5**
KW 31/32	Wenn der Herr auf Tabor steht, der Bauer sein Getreide mäht. Verklärung des Herrn **6**	Für den Bauer ungelegen ist St. Afratag mit Regen. St. Afra **7**	An Cyriak viel Regen ist dem Wein kein Segen. St. Cyriakus **8**	**9**	Um Sankt Laurenzi Sonnenschein, bedeutet gutes Obst und Wein. St. Laurentius **10**	**11**	Wie St. Klara ist bestellt, zumeist sich der Herbst verhält. St. Klara **12**
KW 32/33	Wie das Wetter am Hippolyt, so es mehrere Tage geschieht. St. Hippolyt **13**	Leuchten vor Maria Himmelfahrt die Sterne, dann hält sich das Wetter gerne. **14**	Mariä Himmelfahrt klar Sonnenschein, bringt meistens gern viel guten Wein. Mariä Himmelfahrt **15**	Wenn es an Joachim regnet, dann folgt ein warmer Winter. St. Joachim **16**	Mitte August viel Sonnenschein, lässt hoffen auf einen guten Wein. **17**	Holz, an Agapitustag geschlagen, fault nicht bis zum „Jüngsten Tag". St. Agapitus **18**	Regnet's an Sankt Sebald, nahet teure Zeit sehr bald. St. Sebaldus **19**
KW 33/34	Wie Sankt Bernhard ist, der September misst. St. Bernhard **20**	Ist St. Balduin am Ort, zieh'n die ersten Vögel fort. St. Balduin **21**	**22**	**23**	Wie es an Sankt Bartholomei Tag wittert, so soll es den ganzen Herbst durch wittern. St. Bartholomäus **24**	An Ludwig schon die Schwalben zieh'n, wenn im März die Veilchen blüh'n. St. Ludwig **25**	Augustwende – Herbst-wende. **26**
KW 34/35	Wie's Sankt Gebhard hält, ist der ganze Herbst bestellt. St. Gebhard **27**	Nach Sankt Augustin die Störche südwärts zieh'n. St. Augustinus **28**	Wenn's an Johanni Enthauptung regnet, verderben die Nüsse. Enthauptung Johannes' d. Täufers **29**	Bischof Felix zeiget an, was wir in vierzig Tag' für Wetter han. St. Felix **30**	Sankt Raimund treibt die Wetter aus. St. Raimund **31**		

September

Der September fängt mit unfreundlichem, ungestümem Wetter und Regen an. Vom 9. bis 14. schönes Wetter, danach drei Tage Regen und wiederum drei Tage wieder schön. Vom 20. bis 25. Regen, danach ist es schön. Am 28. gibt es Frühreif. Dann ist es bis zum Monatsende wieder warm.

Abt Mauritius Knauer Der 100-jährige Kalender

	Fr	Sa	So	Mo	Di	Mi	Do
KW 35/36	Viele Eicheln im September – viel Schnee im Dezember.		Ist's an Ägidi klar und hell, so reift der Weinstock schnell. St. Ägidius 1	September schön in den ersten Tagen, will den ganzen Herbst ansagen. 2	3	Zu Sankt Veit (15.6.) geht's auf die Weid, Sankt Rosal' treibt's Vieh ins Tal. St. Rosalia 4	Lorenz im Sonnenschein, wird der Herbst gesegnet sein. St. Lorenz 5
KW 36/37	Wie das Wetter am Magnustag, es vier Wochen bleiben mag. St. Magnus 6	Ist Regine warm und wonnig, bleibt das Wetter lange sonnig. St. Regina 7	Wird Mariä Geburt gesät, ist's nicht zu früh und nicht zu spät. Mariä Geburt 8	Regnet's am Sankt Gorgons Tag, geht die Ernte verloren bis auf den Sack. St. Gorgonius 9	10	Wenn's an Protus nicht nässt, ein dürrer Herbst sich erhoffen lässt. St. Protus 11	An Mariä Namen sagt der Sommer Amen. Mariä Namen 12
KW 37/38	Notburga Sonne – Bauern-Wonne. St. Notburga 13	Ist's hell am Kreuzerhöhungstag, so folgt ein strenger Winter nach. Kreuzerhöhung 14	Wenn Maria lacht, folgt ein Herbst in Pracht. Mariä Schmerzen 15	Um Cornelius und Cyprian fangen die langen Nächte an. St. Cornelius und Cyprian 16	Trocken wird das Frühjahr sein, ist Lamberti klar und rein. St. Lambert 17	18	19
KW 38/39	Wenn Eustachius weint statt lacht, Essig aus dem Wein er macht. St. Eustachius 20	Tritt Matthäus stürmisch ein, wird's bis Ostern Winter sein. St. Matthäus 21	Ist Mauritius hell und klar, stürmt der Winter, das ist wahr. St. Mauritius 22	An Thekla es passieren kann, man zieht schon warme Sachen an. Herbstanfang, St. Thekla 23	Friert es auf Virgilius, im Märzen Kälte kommen muss. St. Virgil 24	Steigen Nikolaus die Nebel nieder, kommt der Winter mit Nässe wieder. St. Nikolaus von Flüe 25	Sankt Kosmas und Sankt Damian fangen das Laub zu färben an. St. Kosmas und Damian 26
KW 39	Wenn Hiltrud im Kalender steht, wird noch einmal das Gras gemäht. St. Hiltrud 27	So viel Fröst' vor Wenzeslaus, so viel fallen nach Jakobi (1.5.) aus. St. Wenzeslaus 28	Wenn die Vögel nicht ziehen vor Michaeli furt, wird's nicht Winter vor Christi Geburt. Erzengel Michael, Gabriel und Raphael 29	Sankt Hieronymus macht mit dem Altweibersommer Schluss. St. Hieronymus 30			

Oktober

Fängt mit schönem Wetter an bis zum 7., dann trübt es sich ein. Der 13., 14. und 15. sind schöne, freundliche Tage. Ab dem 16. fängt Reif und Frost an. Am 18., 24., 25. und 26. ist es nachmittags immer schön warm, vom 27. bis zum Ende des Monats trüb und neblig.

Abt Mauritius Knauer Der 100-jährige Kalender

	So	Mo	Di	Mi	Do	Fr	Sa
KW 39/40	Ist der Oktober warm und fein, kommt ein scharfer Winter drein. Ist er aber nass und kühl, mild der Winter werden will.		Regen an Sankt Remigius bringt den ganzen Monat Verdruss. St. Remigius 1	Fällt das Laub auf Leodegar, ist das nächste ein fruchtbar' Jahr. Schutzengelfest, St. Leodegar 2	Tag der Dt. Einheit 3	Sonne an Sankt Franz gibt dem Wein den Glanz. St. Franziskus 4	5
KW 40/41	Sankt Bruno, der Kartäuser, treibt die Fliegen in die Häuser. St. Bruno, Erntedank 6	Rosenkranzfest 7	St. Pelei führt Donner und Hagel herbei. St. Pelagia 8	Regnet's an Sankt Dionys, nasser Winter ganz gewiss. St. Dionysius 9	10	11	Im Oktober der Nebel viel, bringt im Winter der Flocken Spiel. 12
KW 41/42	Heiliger Koloman, schick mir einen braven Mann. St. Koloman 13	Sankt Burkhardi Sonnenschein schüttet Zucker in den Wein. St. Burkhard 14	Zu Theres' beginnt die Weinles'. St. Teresa 15	Wenn Gallus kommt, hau ab den Kohl, er schmeckt im Winter trefflich wohl. St. Gallus 16	Nach dem Sankt Gallus-Tag nichts mehr im Garten bleiben mag. 17	Ist St. Lukas fein und warm, kommt ein Winter, dass Gott erbarm. St. Lukas 18	19
KW 42/43	Um Sankt Wendelin geht der schöne Herbst dahin. St. Wendelin 20	Sankt Ursula will uns sagen, bald könnt' das Feld Schnee tragen. St. Ursula 21	22	Wenn's Severin gefällt, bring er mit die erste Kält'. St. Severin 23	24	Mit Krispin sind alle Fliegen hin. St. Crispinus 25	Warmer Sankt Albin bringt fürwahr stets einen kalten Januar. St. Albin, A: Nationalfeiertag 26
KW 43/44	Zu Ende Oktober Regen bringt ein fruchtbar' Jahr zuwegen. 27	28	Simon und Judas, ja die zwei, führen oft den Schnee herbei. St. Simon und Judas Thaddäus 29	Oktobers Ende reicht allen Heiligen die Hände. 30	Am Wolfgangregen ist viel gelegen. Reformationstag, St. Wolfgang 31		

November

Der November beginnt mit schönem, freundlichem Wetter, bis am 6. Regen fällt. Vom 10. bis 16. schneit es, es folgen drei schöne Tage, und danach unfreundliches Wetter bis zum Ende.

	Mi	Do	Fr	Sa	So	Mo	Di
KW 44	November warm und klar, keine Sorge fürs nächste Jahr.		Allerheiligen klar und helle – sitzt der Winter auf der Schwelle. Allerheiligen **1**	Haben es die Armen Seelen kalt, wintert es recht bald. Allerseelen **2**	Wie Hubertus kommt, es den Jäger frommt. St. Hubertus **3**	Wenn's an Karolus stürmt und schneit, dann lege deinen Pelz bereit und heiz im Ofen wacker ein – bald zieht die Kälte bei dir ein. St. Karl **4**	**5**
KW 44/45	Wenn auf Leonhardi Regen fällt, ist's mit dem Weizen schlecht bestellt. St. Leonhard **6**	**7**	**8**	1664 Abt Mauritius gestorben **9**	**10**	Wenn um Martine Nebel sind, so wird der Winter meist gelind. St. Martin **11**	**12**
KW 45/46	**13**	**14**	An Albertus Sonnenschein – tritt ein harter Winter ein. St. Albertus Magnus **15**	Um Sankt Ottmar und Sankt Gallen (16.10.) gern die ersten Flocken fallen. St. Ottmar **16**	Sankt Salome bringt Reif und Schnee. St. Salome, Volkstrauertag **17**	**18**	Sankt Elisabeth sagt an, was der Winter für ein Mann. St. Elisabeth **19**
KW 46/47	Buß- und Bettag **20**	Mariä Opferung klar und hell, macht den Winter streng und ohne Fehl. Mariä Tempelgang **21**	Wenn's Sankt Cäcilia schneit, hält der Winter sich bereit. Buß- und Bettag, St. Cäcilia **22**	Sankt Columban kündigt den Winter an. St. Columban **23**	Christkönig, Ewigkeitssonntag **24**	Ist an Kathrein das Wetter matt, kommt im Frühjahr spät das Blatt. St. Katharina **25**	An Konrad steht kein Mühlenrad, weil der ja immer Wasser hat. St. Konrad **26**
KW 47/48	Friert es auf Virgilius, im Märzen Kälte kommen muss. St. Virgil **27**	**28**	An Saturnin zieht der Herbst dahin. St. Saturninus **29**	Schnee am St. Andreastag hundert Tage liegen mag. St. Andreas **30**			

Dezember

Fängt mit unfreundlichem Wetter an, bis zum 9. herrscht unfreundliches, trübes Wetter mit Nebel und Schnee. Dann ist es trocken bis zum 12. Dann wird es rau und frostig bis zum 27., wo es regnet. Am 30. und 31. ist es schön.